FLORAL TECHNIQUES AND CLASSIC PATTERN

胡甘 著

花店必修课

花艺技法与
经典花型

U0314250

化学工业出版社
·北京·

图书在版编目（CIP）数据

花店必修课：花艺技法与经典花型 /胡甘著. —
北京 ：化学工业出版社，2019.9（2023.3重印）
 ISBN 978-7-122-35120-3

 Ⅰ．①花… Ⅱ．①胡… Ⅲ.①花卉-专业商店-商业
经营 ②花卉装饰 Ⅳ．①F717.5 ②J525.1

中国版本图书馆CIP数据核字(2019)第188154号

责任编辑：林 俐 刘晓婷
责任校对：宋 玮

装帧设计：卡古鸟设计

出版发行：化学工业出版社（北京市东城区青年湖南街13号 邮政编码100011）
印 装：北京宝隆世纪印刷有限公司
880mm×1092mm 1/16 印张9 字数 200千字 2023 年 3月北京第 1版第 6次印刷

购书咨询：010-64518888 售后服务：010-64518899
网 址：http://www.cip.com.cn
凡购买本书，如有缺损质量问题，本社销售中心负责调换。

定 价：68.00 元

目录
CONTENTS

CHAPTER 4   第 4 章   空间花艺——给客户定做的插花

CHAPTER 5   第 5 章   婚礼与宴会的花艺布置——花店接到项目啦

第 1 章

CHAPTER 1

常用工具与花材

常用花艺工具和资材

1. 常用花艺工具

专业花艺师们在工作中用到的工具不仅仅是一把剪刀，多样的工具意味着更多花艺技巧实现的可能性，花艺师们也可借此创造出更多富有想象力的作品。下面我们先了解一下花艺师工具箱中常备的各种工具。

① **花艺铁丝**：除能起到固定作用外，常用来给花材做造型。按粗细分为不同型号，常用的有 18#、20#、22#，数字越大，铁丝越细。

② **防水胶带**：可以将吸水后的湿花泥牢牢固定在插花容器上。

③ **热熔胶枪**：快速粘贴非植物材料或已经干燥的植物材料，需配合胶棒使用。

④ **透明胶**：粘贴、捆绑材料。

⑤ **花艺胶带**：轻微拉伸后具备黏性，常用于鲜花切口保水及包裹铁丝。

⑥ **双面胶**：起隐形粘贴作用。

⑦ **花艺冷胶**：专门用于粘贴植物材料。

⑧ **园艺剪刀**：常用于剪切不太粗的植物材料。不建议剪铁丝，以防损坏刀口。

⑨ **丝带剪**：用于剪裁布料、丝带及包装纸等。

⑩ **枝剪**：剪切较粗的木本植物的茎秆。

⑪ **订书器**：用于装订或给植物材料造型。

⑫ **铁丝钳**：用于剪断铁丝，特别是较粗的铁丝。

⑬ **打刺钳**：给玫瑰花等带刺植物去掉皮刺和多余叶片。

⑭ **花艺刀（花刀）**：花艺师专用切割草本植物材料的工具，比起剪刀，对花茎的挤压伤害更小。

⑮ **美工刀**：用于裁切包装纸等材料。

⑯ **花泥刀**：用于切割花泥。

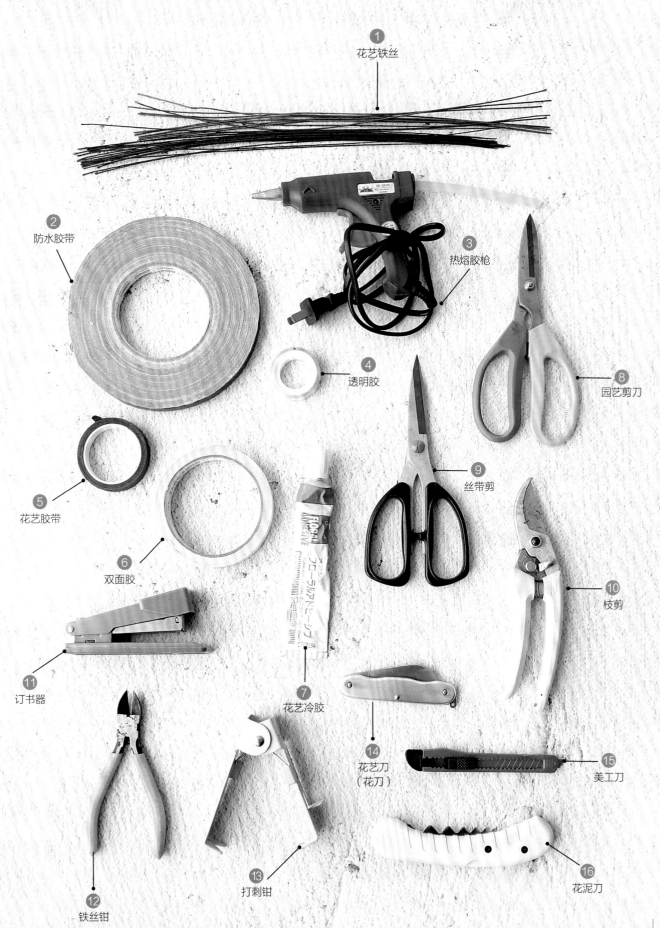

1 花艺铁丝

2 防水胶带

3 热熔胶枪

4 透明胶

5 花艺胶带

6 双面胶

7 花艺冷胶

8 园艺剪刀

9 丝带剪

10 枝剪

11 订书器

12 铁丝钳

13 打刺钳

14 花艺刀（花刀）

15 美工刀

16 花泥刀

2. 常用花艺资材

（1）花泥的种类

花泥是商业插花中最常用的插花用品，用于支撑花材及为花材提供必要的水分，从而延长插花作品观赏期。未吸水的花泥非常轻，吸水后则饱满沉重。

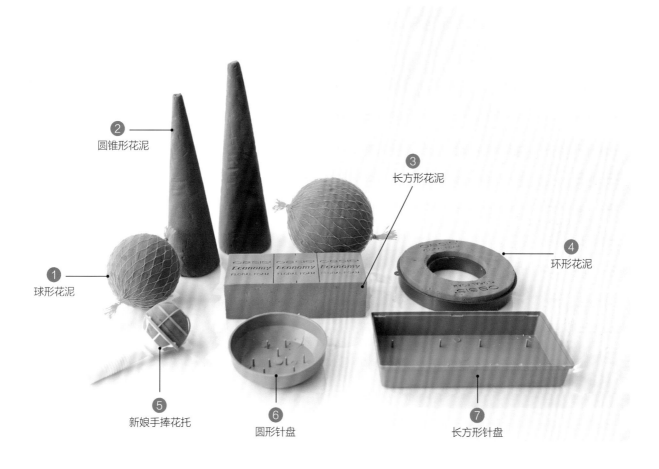

① **球形花泥**　非常适合新手快速插制花球。花泥外部的网格起到保护作用，使花泥在大量密集插花时不会裂散开，绳带穿过网格也可以将花球悬挂起来。

② **圆锥形花泥**　便于快速制作树形插花作品，常用于制作圣诞树花艺。

③ **长方形花泥**　是花店必备花泥，可按需进行裁切或拼接，以便插制各种造型的作品。

④ **环形花泥**　多用于制作花环。

⑤ **新娘手捧花托**　常用来制作新娘手捧花。插花前可将整个花托放入水中吸足水分，后续鲜花只需要剪切插制即可，比手工捆扎花束的方法更加快速简便，新娘手持部分也非常干净轻巧。

⑥ **圆形针盘**　内有塑料针，用于固定花泥，并起到隔水作用。

⑦ **长方形针盘**　常与长方形花泥配合使用，固定花泥并隔水。

花泥的使用方法如下。

1 插花前准备好花泥和泡花泥的容器。多块花泥同时泡时可使用水桶等大些的容器。

2 将花泥轻轻置于水面上，待其慢慢吸水下沉。下沉过程中会有花泥内部的小气泡跑出。

3 错误手法。泡花泥时禁止人为按压花泥到水中，这种方法看似让花泥快速吸水，实际上容易导致花泥外湿内干，吸水不充分。

4 用手按压吸水后的花泥，内部吸水不充分，后续无法保障花材的供水。

5 吸足水的花泥，吸水后会自动下沉，观察直至花泥最上面完全湿透时可取出待用。

6 取出花泥，准备好花泥刀。

7 根据针盘大小（针盘：插花底托，常见有长方形、圆形），垂直切开花泥。

8 切出与针盘大小相仿的花泥。

9 将花泥放置于针盘上，将其垂直按下，固定牢。

10 垂直切削花泥的四个角。

11 继续切削花泥上面的四个边。

12 最后削掉花泥上面的四个角，完成。几次削花泥的边和角是为了增加花泥的插花面，满足花泥多角度插花的需求。

（2）包装纸的类别和特性

① 功能性包装纸

玻璃纸
有隔水作用，常用于花束底部储水保水。

吸水棉纸
充分吸水后包裹花束底部，为花材供水。

② 装饰性包装纸

英文牛皮纸
模仿报纸感觉，是具有美式田园气息的包装纸。

麻莎纸
特殊的装饰性纸张，泡水容易化，注意不要过多沾水。

双面包装纸
双面双色，包花束时色彩更丰富。

塑料防水包装纸
半雾面，防水，不易破损，常用于韩式花束。

特种编织纸
有自然、田园的休闲气息。

（3）缎带等捆扎装饰材料的类别和特性

涤纶缎带

有光泽感，质料优雅，是最常使用的一种缎带。

螺纹缎带

有纵向纹路，通常为哑光，具有高级感。

麻质缎带

天然的麻质手感，适合装饰有田园气息的作品。

铁丝边缎带

这种缎带在两侧加入了细的定型铁丝，有很强的塑形效果，可以随意将丝带折出想要的形状。

绒面缎带

表面为绒面，有雍容、温暖的质感。

拉菲草

最为自然的捆扎装饰材料，纯天然材质。也可直接用于绑扎花束。

常用花材识别与养护

白色系

白色代表着明亮、纯洁、浪漫、圣洁、雅致。

六出花（水仙百合）

上市时间： 全年

简单特性： 色彩丰富，瓶插期长。另有酒红色、粉红色、黄色、橙色等颜色。

养护要点： 采购后立即剪根瓶插。去掉水位线以下的叶片。

挑选要点： 采购枝条新鲜、叶片鲜绿的。如叶片泛黄则为放置时间长，花期较短。

大滨菊

上市时间： 5~6月

简单特性： 瓶插期长。

养护要点： 采购后立即剪根瓶插。去掉大部分叶片以防水分快速挥发。

挑选要点： 采购枝条新鲜、花朵洁白、叶片硬挺的。

绣线菊

上市时间： 3~5月

简单特性： 春季花材，花枝灵动，无花时可观叶。

养护要点： 采购后立即剪根瓶插，水位线下叶片去除。

挑选要点： 采购枝条新鲜、花朵洁白、70%的花朵开放者为佳。

注：花材的具体上市时间受产地、不同年份的气候状况、种植技术等因素的影响，无法精确化，本书列举的上市时间仅供参考。

百合花

上市时间： 全年

简单特性： 花型张扬饱满；有的品种有浓郁香气，不适合放卧室。

养护要点： 花开后要及时去除花雄蕊（棕黄色部分），因为花粉成熟后容易掉落到花瓣上或沾染到衣服上，不易清理。

挑选要点： a. 选择有部分花朵微微开放，部分是花苞的花枝，瓶插期较长，如果花朵完全开放则很快会凋谢。
b. 如有黄叶说明不新鲜，勿挑选。

泰国兰（白兰）

上市时间： 全年

简单特性： 色彩丰富，另有粉色、紫红色、绿色等。

养护要点： 采购后立即剪根瓶插。

挑选要点： 选择花瓣硬挺、花序顶端带有新鲜花骨朵的为佳，如顶端花骨朵泛黄、捏起来绵软则不新鲜。

马蹄莲

上市时间： 11月～次年4月

简单特性： 切花花茎不带叶片，是可快速处理的花材。花色丰富，另有彩色马蹄莲族群，有粉色、黄色、橙色、深红色、紫色等。

养护要点： 根部如果出现变软腐烂应及时剪切新鲜切口。花茎底部有黏滑感时要及时清洗掉黏液。

挑选要点： 选择花茎硬朗，花朵开放度好，但佛焰苞内仅能看到少量花粉的。如果马蹄莲的佛焰苞内可看到大量花粉时，花已盛开近于凋谢。

满天星

上市时间： 全年

简单特性： 雪白蓬松，细小晶莹，可制成干燥花。

养护要点： 采购后立即剪根瓶插。花瓶放水量刚没过花茎底部即可，水不宜过多，否则会烂根发黑，水位大概 10cm 即可。花头不可以喷水，容易发黄发黑。

挑选要点： 采购枝条新鲜、花朵洁白，75% 的花朵开放者为佳。

野胡萝卜花（蕾丝花）

上市时间： 3~6 月

简单特性： 伞状花序，如雾如云，通透感强。

养护要点： 剪根水养。

挑选要点： 选择叶片新鲜，抖动不会掉落小花的。

百子莲

上市时间： 5~8 月

简单特性： 花型秀丽优雅，花茎光洁不带叶片，另有紫色切花。

养护要点： 采购后剪根吸水，小花朵完全开放后易掉落，需及时清理。

挑选要点： a. 选择有部分花朵微微开放，部分是花苞的，瓶插期较长，如果花朵完全开放则很快会凋谢。

b. 如轻摇花枝有花头掉落，说明花期将尽或是不新鲜了，勿挑选。

粉色系

是最甜蜜温柔的色彩之一，象征着温馨、可爱、浪漫、亲切、甜美、纯真，能令人感到愉悦。

乒乓菊

上市时间： 全年

简单特性： 瓶插期长，色彩丰富，另有深红、黄、白、绿等色。

养护要点： 去掉底部多余叶片，保留花头以下 10cm 左右叶片即可，剪斜口水养。

挑选要点： 选择花瓣硬挺、叶片新鲜的。

紫罗兰

上市时间： 12 月~次年 5 月

简单特性： 花朵茂盛，香气浓郁。色彩丰富，另有玫红、白等色。

养护要点： 去掉底部多余叶片，剪斜角浅水养。勿向花瓣喷水。

挑选要点： 选择花头硬挺、叶片新鲜的。

芍药

上市时间： 4~7 月

简单特性： 花色丰富，另有白、桃红、深红等色。不喜干燥环境。

养护要点： a. 剪根 5cm，去除水位线以下多余叶片。
b. 给花苞和叶片喷水，可以促进花苞开放，同时防止花瓣和叶片失水干焦。芍药开放时吸水较多，要及时给花瓶加水。
c. 开放度受温度影响大，室温越高开放越快。
d. 避免太阳直射，防止带水的植物被灼伤。

挑选要点： a. 叶片硬挺新鲜，无黄叶。
b. 希望瓶插期长，可选购花骨朵状的芍药，花骨朵紧实有些微弹性的为好。若花骨朵已经半开，则观赏期较短。

蝴蝶兰

上市时间： 全年

简单特性： 花瓣蜡质，观赏期长。

养护方法： 剪根水养。

挑选要点： 花枝硬实，花瓣硬挺厚实，花序顶端有未开放花苞的为佳。

金鱼草

上市时间： 全年

简单特性： 色彩丰富，另有桃红、黄、白等色。

养护要点： 采购后立即剪根瓶插。勿向花瓣喷水。

挑选点点： 选择叶片硬挺，花序顶端有含苞待放的为佳，选购时轻轻抖动，如有大量花朵落下的则不新鲜。

银莲花

上市时间： 12月~次年3月

简单特性： 花色丰富，另有红、蓝、紫、淡紫、白等色。

养护方法： 剪根浅水养，花瓣勿喷水，放于阴凉通风处可延长花期，长时间阳光直射会加速其开放及凋谢。花茎较脆易断，养护时轻拿轻放。

挑选要点： 选择花茎粗长、花萼新鲜、花朵呈花苞状的。

红色系

属于三原色之一，是视觉效果最强烈的色彩，热情、主动、活泼、温暖，是欢乐、喜庆的象征，给人艳丽、芬芳、青春、富有生命力、饱满、成熟、富有营养的印象。

唐菖蒲（剑兰）

上市时间： 全年

简单特性： 花期长。花色丰富，另有白、黄、粉、深红等色。

养护方法： 勤剪根换水，去掉水位线以下多余叶片。

挑选要点： a. 叶片新鲜，无黄叶、花茎硬挺。
b. 花序顶端花朵含苞，花序最底部一两朵刚刚开放。

非洲菊

上市时间： 全年

简单特性： 花色丰富，另有白、粉、桃红、橙、黄等色。

养护要点： a. 吸水水位达到花茎长度的 1/3 即可，花茎有绒毛质软容易腐败，水位不宜过高。
b. 非洲菊的"脖子"细，花头容易下垂导致败落。所以颈处要想办法固定，可以用花艺铁丝缠绕加固，再裹上花艺胶带。
c. 非洲菊的花茎只有底部一小段是实心的，往上是空心的，买回后要尽快放入水中，尽量不要剪掉底部的实心茎段。

挑选要点： 非洲菊花茎与花头的交接处较细软，花头又大又沉，易从颈处弯下头来。所以挑选时要选花茎相对粗的，这样才能让花朵与花茎连接处更有力量支撑花头。

'卡罗拉'玫瑰

上市时间： 全年

简单特性： 鲜红色，高芯卷边大花型，花色是最标准的玫瑰红，花朵大而饱满，每朵花的直径在 8～10cm，盛开后鲜艳照人。

养护方法： 去掉多余叶片和皮刺，避免阳光直射。

挑选要点： a. 花枝硬实，叶片新鲜，花头饱满的。
b. 花色鲜艳，有天鹅绒光泽，花瓣整齐的。

香雪兰（小苍兰）

上市时间： 冬春

简单特性： 花朵芳香，瓶插期长，花型独特，有纤弱、优美之感，花色丰富多样，另有粉、白、黄、橙等色。

养护方法： 剪根水养，去掉水位线以下多余叶片，勿向花头喷水。

挑选要点： a. 花枝硬实，叶片新鲜，花苞饱满的。
b. 花瓣无焦边现象，抖动无花瓣掉落。

洋桔梗

上市时间： 全年

简单特性： 一株上花头多，花瓣轻盈明快。花色丰富，另有香槟色、粉色、白色、绿色、紫色等。

养护方法： 去掉枯萎的花朵和多余的叶片。勤剪根换水。不喜高温环境，置于阴凉处。勿向花头喷水。

挑选要点： a. 无黄叶、烂叶，花茎底部无腐烂。
b. 花朵新鲜，无干苞坏苞。

蓝盆花（松虫草）

上市时间： 4~6月

简单特性： 花期长。花茎柔软婀娜，花色丰富，另有白色、蓝紫色、粉色等。

养护方法： 勤剪根换水，去掉水位线以下多余叶片。

挑选要点： a. 叶片新鲜，无黄叶，花茎硬挺。
b. 花朵开放度好，抖动不掉瓣。

黄色系

它是有彩色中最明亮的颜色。代表阳光和快乐。给人明亮、辉煌、灿烂、愉快、亲切、柔和、甜美的印象。作为一个最鲜艳的色彩，黄色在心理上有振奋，煽动的效果，令人充满希望、快乐、愉悦和趣味。

向日葵

上市时间： 全年

简单特性： 花头大，色彩温暖明媚，富有田园气息。

养护要点： a. 去掉多余叶片，留 2~3 片即可，减少水分散失。
b. 浅水养，向日葵花茎有绒毛不宜放高水位，易烂根。
c. 忌风吹，容易叶片发黑。

挑选要点： a. 叶片饱满新鲜。
b. 花瓣触感较硬。

多头玫瑰

上市时间： 全年

简单特性： 色彩丰富，另有白、粉、深紫等色。

养护方法： a. 剪掉多余的过小的花苞和侧枝，去掉大部分叶片，以保障花朵的养分水分供给充足。
b. 高水位水养，花瓶中水位到 2/3 的位置。

挑选要点： a. 花枝硬实，花朵饱满无焦边的。
b. 叶片新鲜，无黄叶。

奥斯汀玫瑰

上市时间： 全年

简单特性： 花型独特，花色丰富多样，另有粉、白、橙等色。

养护方法： 去掉多余叶片，防止水分过多散发。

挑选要点： a. 花枝硬实，叶片新鲜，花苞饱满的。
b. 花瓣无焦边现象，抖动无花瓣掉落。

橙色系

是暖色系中最温暖的颜色，是最欢快活泼的色彩，充满生机和活力。有明亮、华丽、温暖、欢乐、辉煌的感觉，同时带给人香甜感。

花毛茛（洋牡丹）

上市时间： 12月~次年3月

简单特性： 花瓣多层，气质柔美。花色丰富，另有粉色、黄色、深粉色、酒红色、白色等。

养护要点： 浅水养即可，水深约10cm。尽量避免阳光直射，温度高会加速开放。花茎较脆易断，养护时轻拿轻放。

挑选要点： 色彩鲜艳，花茎饱满新鲜，叶片鲜绿，花头未完全绽放时瓶插期较长。

多头康乃馨

上市时间： 全年

简单特性： 花期长，花茎泡水易腐烂。色彩丰富，另有白色、粉色、黄色等。

养护方法： 低水位水养，水深10cm左右即可。

挑选要点： a. 花枝硬实，叶片新鲜，花苞饱满的。如有黄叶或花瓣焦边现象则不新鲜了。
b. 花朵开放度中等的为佳，太生的不容易养开，太开放则瓶插期较短。

郁金香

上市时间： 1~4月

简单特性： 有向光性，花头会随光照调整朝向。花色丰富，另有黄色、绿色、棕色、粉色、白色等。

养护方法： 采购回的切花剪根后，用报纸或玻璃纸包裹竖直吸水，可使花茎更坚挺。

挑选要点： 叶片新鲜，花茎硬挺，有黄叶或花茎柔软则不新鲜。

绿色系

绿色是植物王国的色彩，它代表丰饶、充实、平静与希望。绿色具有蓝色所具备的平静的属性，也吸收了黄色的活力。

木绣球

上市时间： 全年

简单特性： 多花头，色彩明艳。

养护要点： 采购后立即剪根水养。

挑选要点： 选择中度开放度的，花序太生不容易养开，完全开放则观赏期短，如果花色变浅发白则不太新鲜。

菟葵

上市时间： 全年

简单特性： 瓶插期长。色彩丰富，另有酒红色、粉色等。

养护要点： 采购后立即剪根瓶插。

挑选要点： 选择花瓣硬挺、花朵叶片新鲜、茎秆硬挺的。

菊花

上市时间： 全年

简单特性： 观赏期长。

养护要点： 采购后去除多余叶片，剪根瓶插。

挑选要点： 选择叶片新鲜，开放度好的。

安祖花

上市时间： 全年

简单特性： 佛焰苞蜡质，观赏期长。

养护要点： 采购后取掉试管，剪根水养。

挑选要点： 佛焰苞色彩鲜艳明快，触感硬挺。

康乃馨

上市时间： 全年

简单特性： 花期长，花茎高水位泡水易腐烂。

养护方法： 低水位水养，水位 10cm 左右即可。

挑选要点： a 花枝硬实，叶片新鲜，花苞饱满的。如有黄叶或花瓣焦边现象则不新鲜了。
b. 花朵开放度中等的为佳，太生的不容易养开，太开放的瓶插期减短。

'手鞠草'须苞石竹

上市时间： 全年

简单特性： 瓶插期长。

养护要点： 采购后立即剪根瓶插。

挑选要点： 选择叶片新鲜，无黄叶的。

蓝紫色系

是冷色调的色彩，让人感到深远、纯洁、透明、舒缓、神秘和寂静。紫色给人高贵奢华、优雅浪漫的感觉，常用于表达奢华、高贵和复古感。

矢车菊

上市时间： 3~5月

简单特性： 常见蓝紫色，另有粉色、白色、深红色等。

养护方法： 第一次剪根后高水位水养，水位达到花瓶的 2/3 高。后续剪根后，可以 1/3 水位的低水位水养。

挑选要点： a. 有盛开花朵，也有花苞。
b. 叶片新鲜。

绣球（紫阳花）

上市时间： 全年

简单特性： 花色丰富，另有白、粉、绿、紫、酒红等色。

养护要点： a. 采购到的绣球花去掉底部保水管，将绣球根部剪十字切口吸水。剪掉浸入保鲜管的那部分，注意，剪根部位要选在两节中间，避开叶芽处，这样可使吸水更快。
b. 去掉多余的叶片，减少水分散失。
c. 可在花茎部吸水的同时，给花头喷水。

挑选要点： a. 叶片大而饱满。
b. 花瓣触感较硬。

黑种草

上市时间： 4~7月

简单特性： 花瓣轻盈灵动，花期长。

养护方法： 去掉水位线以下多余叶片。

挑选要点： 无黄叶烂叶，花苞饱满，花朵色彩明快。

香豌豆

上市时间： 12月~次年4月

简单特性： 可爱灵动、色彩丰富，另有白色、粉色、深紫色等，有平瓣、卷瓣、皱瓣、重瓣四种。

养护方法： 剪根浅水养。

挑选要点： 挑选花枝硬实，花瓣饱满的。

鸢尾花

上市时间： 12月~次年2月

简单特性： 雍容优雅，花色丰富，另有白色、黄色、酒红色等。

养护要点： 浅水养即可，水深大约10cm。

挑选要点： 选择含苞待放的，如花朵已经绽放则瓶插期短。

补血草（勿忘我）

上市时间： 全年

简单特性： 花型独特，花色丰富，另有粉色、黄色、深粉色、浅紫色等。脱水放干后不易褪色变形，可做干花。

养护要点： 浅水养即可，水深大约10cm。花头勿沾水，环境潮湿时易发霉。

挑选要点： 色彩鲜艳，花茎硬挺新鲜。

叶材

春羽叶

叶面喷水，放于阴凉通风的地方。

龟背竹

叶面喷水，放于阴凉通风的地方。

散尾葵

叶面喷水，放于阴凉通风的地方。

一叶兰

叶面喷水，放于阴凉通风的地方。

尤加利叶（圆叶桉）

瓶插剪根吸水，叶片勿喷水。

金边黄杨叶

叶面喷水，放于阴凉通风的地方。

柏树叶

剪根，瓶插水养，干燥环境下可叶片喷水保持湿度。

斑春兰叶

叶面喷水，放于阴凉通风的地方。

刚草

瓶插水养，可喷湿叶片表面，增加空气湿度。

春兰叶

叶面喷水，放于阴凉通风的地方。

新西兰麻

叶面喷水，放于阴凉通风的地方。

剑叶

是棕榈科植物的未展新叶，在花材市场通称"剑叶"。瓶插水养或叶面喷湿。

鸢尾叶

瓶插水养。

尤加利叶（蓝桉）

瓶插剪根水养。

雪叶菊

剪根瓶插水养，可用报纸包裹，叶面勿喷水。

肾蕨（排草）

叶面喷水，放于阴凉通风的地方。

黄栌

瓶插，剪根水养。

高山羊齿（芒叶）

叶面喷水，放于阴凉处。

天门冬

头部用报纸包上喷水，放于阴凉处。

栀子叶

叶面喷水，放于阴凉处，水深约 10cm 水养。

石楠叶

剪根吸水，放于阴凉处。

果实类

以下仅八角金盘与火龙珠为真正的植物果实，其余均为花或花蕾，但因其形状类似果实，在花艺设计中常作为果实使用，因此归于此类。

桉树果（小米果）

上市时间： 全年

简单特性： 瓶插期长，可做干燥果实观赏。

养护方法： 剪根水养。

挑选要点： 选择果实及茎杆有韧性新鲜的，抖动不掉果的。

八角金盘果

上市时间： 1~4 月

简单特性： 果实头部较重，有垂感。

养护方法： 采购回的花材剪根后，用报纸或玻璃纸包裹竖直水养，可使花茎更坚挺。

绿珊瑚

上市时间： 全年

简单特性： 瓶插期长，可做干燥花材。

养护方法： 去掉枝条基部水位线以下的叶片，剪根水养。

挑选要点： 果实色泽鲜艳，颗粒饱满。

尤加利果

上市时间： 全年

简单特性： 瓶插期长，干燥后果实不脱落，依然保持灰色，可长期观赏。

养护方法： 剪根水养。

挑选要点： 果实颗粒饱满。

火龙珠

上市时间： 全年

简单特性： 果色丰富，有白色、粉色、红色、绿色等。

养护要点： 及时剪掉变黑的果子。去掉多余的叶片，减少水分散失。

挑选要点： 叶片新鲜，果萼没有腐烂。果实饱满，色彩纯正。

刺芹

上市时间： 7~8月

简单特性： 花型独特、花期长，适合制作干花。

养护方法： 浅水水养。

挑选要点： 色彩饱满，叶片新鲜的。

珊瑚果

上市时间： 全年

简单特性： 自然脱水风干后可做干花。（头状花序簇生成球。）

养护方法： 低水位水养。

挑选要点： 果实饱满灰白为佳，如有泛黄则不新鲜。

金槌花（黄金球）

上市时间： 全年

简单特性： 可做干燥花，干燥后依然色彩鲜艳。（顶端圆球为大量管状花组成的头状花序。）

养护方法： 可低水位水养或干燥放置。

挑选要点： 颗粒饱满，形状匀称，色彩鲜艳，茎秆无霉烂。

第 2 章

CHAPTER 2

基础理论和基础技法

花艺设计的色彩搭配

1. 色彩的三要素

色彩的三要素是指每一种色彩都同时具有三种基本属性，即明度、色相和纯度。

（1）色相

是指色彩的相貌，是区分色彩的主要依据。色相是色彩的第一要素，色相就是色名，是区分色彩的名称。

| 红色 | 橙色 | 黄色 | 绿色 | 紫色 |

（2）明度

是指色彩的明暗程度，也称深浅度，是表现色彩层次感的基础。

在无彩色系中，白色明度最高，黑色明度最低，在黑白之间存在一系列灰色，靠近白的部分称为明灰色，靠近黑的部分称为暗灰色。在有彩色系中，黄色明度最高，紫色明度最低。任何一个有彩色，当它掺入白色时，明度提高，当它掺入黑色时，明度降低。同时纯度也相应降低。

低明度与高明度的乒乓菊

（3）纯度（饱和度）

纯度（饱和度）是指色彩的鲜浊程度。纯度的变化可通过三原色互混产生，也可以通过加白、加黑、加灰产生，还可以补色相混产生。凡有纯度的色彩必有相应的色相感。色相感越明确，色彩越纯净，纯度越高；反之，色相感越模糊，色彩越灰，纯度越低。

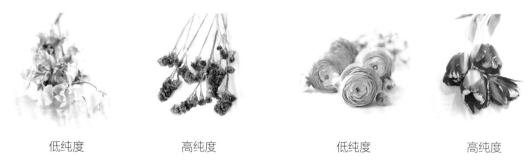

| 低纯度 | 高纯度 | 低纯度 | 高纯度 |

2. 花艺配色最常用的两种手法——类似色和对比色

（1）对比色和互补色配色

在色环上一种颜色与它180°相对的颜色叫做互补色，是对比最强烈的一种配色。如红与绿、黄与紫、橙与蓝，视觉效果强烈，色彩对比达到最大的程度。配图是红与绿的互补色配色，形成强烈的视觉对比，带来浓郁的节日气氛。

对比色则是24色环上间隔120°左右的一对色彩，如红与黄，橙与绿，绿与紫等，它们也能形成明显的对比，带来视觉上的活跃感。

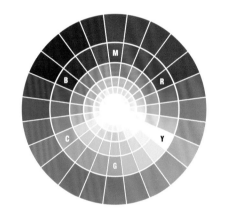

色相环

红、绿互补色

（2）邻近色配色

色环上相邻的颜色就是邻近色，邻近色配色给人柔和、协调的感觉，如粉色与玫红色、蓝色与紫色、黄色与橙色等。

粉、玫红邻近色

蓝、紫邻近色

花艺设计基础技法

1. 枝条剪切技法

（1）花刀的使用

专业花艺师通常会使用花刀切割草本花茎或是较细的木本花枝。与剪刀相比，花刀除了更加便携之外，对花茎的伤害也更小。剪刀剪切植物花茎时会对花茎产生挤压，造成花茎切口的损伤和堵塞，不利于植物最大程度吸水，减少了花材的保鲜期，而用花刀切削的切面则比较平滑完整，不会压迫植物导管，令水分输送更加通畅。

使用花刀时，一手持花茎，另一手持花刀，持花刀的手向斜后方拉，即可切断花材。

花刀的使用方法

（2）枝剪的使用

以下是市面上常见的两种枝剪，功能类似，用于剪切较粗硬的木本花材，通常直径 8mm 以上的花枝用枝剪剪切。

花材水养时，两种切口利于植物吸水。一种是斜口——较之平口，斜切口令植物吸水面更大，能更多更快地吸到水分；另一种是十字切口，将植物茎杆剪斜口之后，再将斜面作十字形切口，常用于剪切绣球等需要大量水分供给的花材。

斜切口

十字切口

2. 铁丝造型技法

现代花艺中常见的技巧，能增加植物材料的可塑性，常用于制作新娘手捧花、胸花、头花等对精致度要求较高的人体花饰。

（1）簇状花的铁丝造型

常用于米花、满天星等花材，令松散的小簇合成较密实的大簇。

1 多枝小花组合成簇状小束，铁丝弯成 U 形。　　*2* U 形铁丝贴近花簇花茎。

3 一手捏住 U 形铁丝顶端，另一手捏住一根铁丝，从上到下缠绕花茎和另一根铁丝。　　*4* 从上到下缠绕，将两根铁丝尾端拧紧，完成。

（2）片状花的铁丝造型

常用于平面花材，如兰花、扁平的菊花等。

1 将铁丝剪好需要的长度。

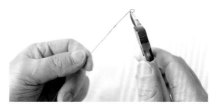

2 用钳子将铁丝一端弯折出小钩。

3 铁丝插入花芯处，缓缓向下拉铁丝。

4 直至弯钩处抵达花芯，将铁丝与花茎并齐。

5 从花底部开始缠绕花艺胶带，将花茎与铁丝捆绑固定。

6 转动花茎，将胶带螺旋下拉捆绑直至铁丝底部。

（3）十字铁丝造型

常用于花托较大、花头较重的花材，如康乃馨、玫瑰花。

1 将铁丝横向穿入花托。

2 第二根铁丝与第一根呈十字形横向插入花托。

3 将铁丝顺着花茎的方向向下弯折合并。

4 从铁丝插入处开始缠绕花艺胶带。

5 一手捏紧鲜花托底部，一边旋转花头一边螺旋向下缠绕花艺胶带。

6 将花艺胶带向下缠绕直至铁丝尾端。

（4）花茎的铁丝造型

常用于非洲菊等花茎柔软，花头较重，花头容易下垂的花材。

将铁丝的一端插入花托底部，然后沿着花茎呈螺旋形往下转动缠绕花茎。

（5）给叶片制作造型

常用于常春藤、茶树叶、栀子叶等小型片状叶材。这种技法常用于胸花制作。

1 铁丝横穿叶片反面的主叶脉。

2 将铁丝弯成U形，与叶柄并齐。

3 其中一支铁丝缠绕叶柄和另一铁丝。

4 从叶片基部开始缠绕鲜花胶带，遮挡铁丝。

3. 订书钉造型技法

可以利用订书钉给一叶兰等叶材做卷曲造型，给插花作品增添更多趣味和装饰性。

1 将一叶兰叶片从中间剪开。

2 将一半的叶片卷起，从叶卷内侧钉订书钉。

3 另一半叶片同样操作。

4. 线绳捆扎技法

用线绳或丝带类材料对花材进行捆扎固定，一方面起到固定花材的作用，同时也有装饰作用。右图先用皮筋固定住薰衣草花茎，再均匀加入带花头的薰衣草花枝，最后用缎带捆扎遮挡皮筋，作品完成。

5. 编织造型技法

线形植物材料的二次加工，打破植物固有形态，制作富有装饰性的作品，增加作品观赏性。常用于散尾葵、新西兰麻、马蔺叶等线形叶材。

第 3 章

CHAPTER 3

礼品花艺——花店的基础商品

单枝花或少量花材也可以制作出令人感到温馨与暖意的小花礼。即便是单支花束，也不要忘记做好保水工作。制作精致细腻的小作品也能体现花店的风格和品位。

花束

1. 小型花束

| 花材 |
小尤加利叶、乒乓菊

| 资材与工具 |
黑色包装纸、亚麻色无纺布包装纸、保水棉纸、麻质缎带、透明胶、玻璃纸、双面胶、花店标识贴、花刀、剪刀

制作步骤

1 准备好黑色包装纸，将纸裁成 30cm×35cm。

2 将包装纸一角卷起，卷成冰激凌筒状。

3 纸卷收尾处贴双面胶。

4 完成的纸筒。

5 在纸筒上贴上花店品牌标识贴，绑上麻质缎带作装饰。

6 将一枝乒乓菊和一小束尤加利叶用透明胶绑成小束。

7 将无纺布包装纸斜向对折。

8 再将外侧两个角向里对折，用订书钉固定。

9 将订好的包装纸翻面。

10 将小花束放置到包装纸上。

11 将包装纸从后向前包，底部重叠。

12 用订书钉固定包装纸底部。

13 订好如图。

14 在小花束正面加一张小包装纸，向后包。

15 小包装纸底部用透明胶束紧。

16 在小花束底部垫吸水棉纸一张。

17 对折棉纸。

18 用透明胶捆扎棉纸，给棉纸加水。

19 棉纸外加透明玻璃纸，用透明胶固定。

20 将透明玻璃纸绑束好。

21 将花束投入黑色纸筒，完成。

"单面观花束"即只有一个观赏面的花束，通常花束反面以包装纸或较高的叶材作为底衬。这种花束多数呈长条形，整体气质优雅。持握时多靠于手臂上，观赏面冲前方，很适合展现马蹄莲等线性花材茎干及花头的优美姿态。同时在制作时，花束的打法可以采用螺旋技法，也可以是花茎并列的平行技法。这个花束就是花茎并列的平行技法制作的。

2. 马蹄莲单面观花束

| 花材 |

马蹄莲、兰草、绣球、一叶兰叶子

| 资材与工具 |

包装纸、灰色手揉纸、保水棉纸、透明胶、拉菲草、剪刀

制作步骤

1 将马蹄莲花茎平行绑成花束。

2 将兰草窝出一个圆环，用透明胶绑扎。

3 将兰草加入花束左侧，右侧加入一枝绿绣球。用透明胶固定好花茎。

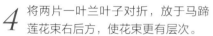

4 将两片一叶兰叶子对折，放于马蹄莲花束右后方，使花束更有层次。

5 给花束做保水，用吸水海绵对折于花束捆绑点的高度。

6 吸水海绵包紧花束底部，外部加一张玻璃纸隔水，用透明胶固定。

7 将银灰色手揉纸揉皱，包住花束手握处，托住兰草和绣球花。在花束背部垫两张对折的包装纸。

8 将第三张包装纸包于花束底部及后侧。

9 用拉菲草将花束捆扎固定。

3. 小菊四面观花束

四面观花束又称多面观花束，多为半球形或以半球形为基础的多层次自然花型，花束没有前后之分。整体气质显得亲和、热情。是用途最多的一种基本花束造型。制作时要注意使用螺旋技法顺序加入花材。

| 花材 |

薰衣草、刺芹、黄金球、火龙珠、蕾丝花、大滨菊、绿珊瑚

| 资材与工具 |

包装纸、玻璃纸、双面胶、丝带、透明胶、剪刀

制作步骤

1 取一枝大滨菊作花束的中心花材。

2 以大滨菊为中心，周围平均角度加入 3 枝蕾丝花，3 枝蕾丝花以手握处为中心点，呈螺旋状围绕第一枝中心花材。

3 继续以同一方向螺旋加入白色火龙珠和大滨菊。

4 螺旋走向继续加入蕾丝花。

5 同一方向螺旋加入薰衣草、刺芹、黄金球等更多花材。

6 用透明胶绑紧手握处的捆绑点。

7 用玻璃纸包住花束底部，用透明胶绑扎固定，做保水用途。

Tips
小提示

螺旋技法是打花束时最常用的技法。以手掌虎口握花处为基准点，将花枝按照螺旋状排列。按个人习惯顺时针或逆时针都可以，但只能选择一种顺序加入花材。每一朵花头都有自己的舒展空间，不会相互挤压。手掌虎口握花处即为花束的捆绑点，捆绑点以下花枝上的叶片必须全部去除。

8 向玻璃纸里加入水，以保障花束的水分供应。

9 准备一张包装纸，做花束底部的包装。

10 将花束置于包装纸中央，向上包起。用透明胶绑扎固定。

11 将第一片包装纸包住花束的一半，用透明胶固定。

12 将第二片包装纸包住花束剩下的一半，两张包装纸衔接处重叠几厘米，用订书器固定。

13 在花束捆绑点处加上蝴蝶结，并贴上花店标识贴，完成。

花盒

1. 自然风礼盒

自然风花礼的制作重点在于花材选择，在选材时可以加入一些翠珠、黑种草、米花这类的细碎柔软质感的花材，使田野的气息更加浓郁。比起花束，花盒更便于运输，对鲜花起到了很好的物理保护和保水作用，同时也多了一份神秘感，给收花人惊喜。

| 花材 |
翠珠花、米花、黑种草、绿珊瑚、乒乓菊、绣球花（绿、紫）

| 资材与工具 |
花礼盒、花刀、花泥刀、剪刀、玻璃纸、花泥

制作步骤

1 用玻璃纸铺满花礼盒底部，起到隔水作用。取吸饱水的花泥，将花泥放到礼盒边缘轻轻按压，压出花盒边缘痕迹，便于裁切花泥形状。

2 将裁切好的花泥放入花礼盒，务必使花礼盒内花泥紧密填塞，不留松动处。

3 将大朵绣球花剪成小束，插入花泥中。

4 再插入体量较小一些的团块状的乒乓菊、翠珠花，进一步填充空间。

5 最后在花材的空隙处加入填充花材：米花、黑种草、绿珊瑚，使花礼盒更加丰盛，富有细微层次的同时，花材之间更加紧密。

6 完成。

2. 奢华风礼盒

提升作品的价值感可以通过对植物元素进行再加工的方式，这个作品利用喷色的
方法给植物材料镀金，令作品的华丽感得到提升。同时，如果希望作品有奢华的
视觉感，可选用花型丰满、极具个性的花材。

| 花材 |

永生苔藓、多头玫瑰、芍药、鼠尾鸡冠花、高山羊齿、樱桃果

| 资材与工具 |

花礼盒、玻璃纸、花泥、喷漆、剪刀、花泥刀、花刀

制作步骤

1 准备六角礼盒一个，放入防水玻璃纸。两块花泥吸足水。

2 将花泥裁成合适的形状放入花盒。

3 将玻璃纸沿着花泥高度略高出 1cm 裁剪。

4 将两支芍药花插入花盒。

5 在剩余部分未遮盖的花泥上覆盖苔藓。

6 将蕨叶喷成金色。插入高山羊齿。

7 在蕨叶附近插入多头玫瑰。

8 点缀鸡冠花和樱桃果。丝带打蝴蝶结装饰于花丛中。完成。

小提示

制作作品时，可以给植物材料喷色，以增加材料的装饰性。注意使用喷漆时要做好防护措施，戴上口罩、手套，等植物表面的漆干燥后再拿到室内。

这里使用的是产自大自然，经过人工处理的永生苔藓，有红色、蓝色、绿色等各种染色效果，可保持长时间不褪色，同时有遇水变松软，干燥变脆的特质，所以久放变得硬脆的苔藓用水喷湿一下，可再度变松软。所以相较于未经处理的新鲜苔藓，永生苔藓具有更丰富的装饰性和可长久保存性。

精致的小花篮适合作为朋友小聚时的见面礼。
花毛茛是冬季十一二月到次年二月初春时难得
的美丽花材。以明亮的花毛茛为主花材的花篮,
在寒冷的冬春季节为朋友的会面带去融融暖意。
花艺师在设计前特别要注意花材的季节性。

花篮

1. 下午茶花篮

| 花材 |

绿珊瑚、绣线菊、花毛茛、黑种草、高山羊齿、乒乓菊

| 资材与工具 |

花篮、花泥、玻璃纸、花泥刀、花刀

制作步骤

1 在花篮里放好花泥。花泥外垫玻璃纸，防止水渗出花篮。

2 用高山羊齿打底遮盖花泥。

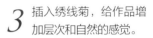

3 插入绣线菊，给作品增加层次和自然的感觉。

4 加入主花材花毛茛。

5 在花毛茛与打底叶材的空隙里加入黑种草、乒乓菊、绿珊瑚。完成。

想要花礼拥有唯美、优雅的感觉，不妨在
选择花材时挑选带有灰调的材料。比如
这个作品里的泛灰色的多肉植物及带一点
点灰色的翠珠花。相较于饱和度高的花材
带来的直接明朗的热情感，灰色调的花
材，往往更显内敛含蓄。糖果色的花园玫
瑰——"蝴蝶"则给作品带来甜美俏皮的
少女感。

2.唯美优雅的花篮

|花材|
青梅叶、多肉、'蝴蝶'多头玫瑰、翠珠、兰香草、灯台枝条

|资材与工具|
花泥、玻璃纸、花篮、冷胶、花泥刀、剪刀、竹签

制作步骤

1 在花篮内部铺上玻璃纸，以达到防水作用。

2 在花篮里放入花泥。

3 将花泥边缘切成斜角，将花篮边缘多余的玻璃纸裁剪掉。

4 放射形插入叶材，遮盖花泥同时为花篮插花打底。

5 加入灯台枝条，为作品增加层次，使作品更灵动，并具有空间通透感。

6 组群式插入多头玫瑰。

7 插入翠珠、兰香草。

8 将根部处理干净的多肉植物插上小竹签，用冷胶固定。

9 将多肉植物插入花篮，完成。

Tips 小提示

　　组群式插花是常用的插花技巧，是将同色同种花材以多于两支为一组的方式，成组插制。

　　这种手法模仿植物在自然界中一簇簇生长的形态，使作品看起来更加自然。

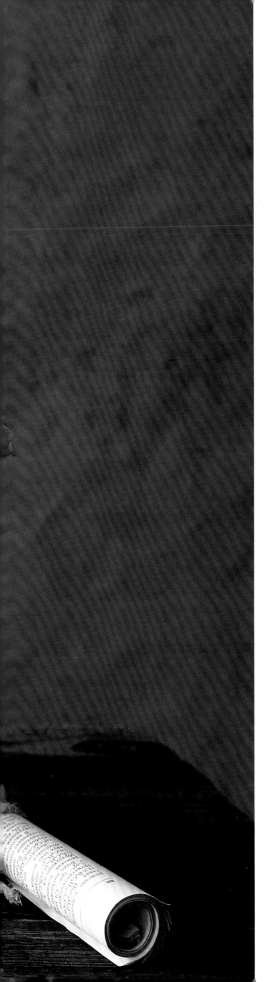

3. 布袋花篮

本作品是洋溢着小幸福的布袋花礼。也许刚好你手边有一个置物袋，一个收纳篮，这些细碎平常、又弥漫着温柔力量的小物，也是拿来做插花容器的好选择。布艺制品与花艺相结合往往给家居生活带来更多的暖意与温柔。（布艺制品内一定要有塑料膜内衬以防水，可以自己用玻璃纸或气泡纸隔水，或是将布袋作为普通花器的外层套袋也可以。）

| 花材 |

青梅叶、六道木、翠珠、多头玫瑰、单头玫瑰、尤加利果

| 资材与工具 |

花泥、布艺花篮、花泥刀、剪刀

制作步骤

1 将花泥切到合适大小放入布艺花篮里。

4 加入翠珠、尤加利果，给作品增加层次和通透性。

2 以中心放射形式插入叶材。

3 插入多头玫瑰和单头玫瑰，大玫瑰放在视觉焦点处。

5 完成。

由仿佛从野外采回的各式小花制作而成的田园风花环，充满明媚阳光的味道，像勇敢、向往自由的少女般无忧无虑。花环花泥的使用使得花环的制作非常简便，需要注意的是花材的大小和排布，以及对花材均衡感的把握。

四、 花环

1. 田园花环

| 花材 |

永生苔藓、澳洲蜡梅、花毛茛、黄金球、绣线菊、结香、六出花、绣球

| 资材与工具 |

环形花泥、剪刀、铁丝钳、皮绳、花泥刀、花刀、宽丝带

制作步骤

1 将环形花泥泡水，吸足水分取出。花泥的内侧和外侧削出斜角，便于不同角度插花。

2 永生苔藓取小簇，把铁丝剪成小段，对折成 U 形，用于固定苔藓。

3 用 U 形铁丝将苔藓别到环形花泥上。

4 将苔藓均匀覆盖到花泥上。

5 大朵绿绣球拆分成小簇，均匀插入苔藓的间隙。

6 将其余各种花材依次插入花环上。

7 将宽丝带如图叠出蝴蝶结的形状。

8 用铁丝将蝴蝶结中间系紧，多余的铁丝部分用于插入花泥。蝴蝶结中间系上皮绳，遮盖露出的铁丝。

9 将蝴蝶结插入花环中间。完成。

2. 干花花环

大地色系是植物材料经过时光沉淀后所带有的颜色，它饱含深情与温暖，最适合与简单雅致、略带乡村风格的家居环境相搭配。它散发出的气息质朴自然，令人感到沉静舒适。干花材料多用热熔胶粘贴，快速、牢固。使用材料时多试试组群的技法，例如将三个松果放在一起、两片橙片放在一起，很多时候好过于将所有材料平均分布。

 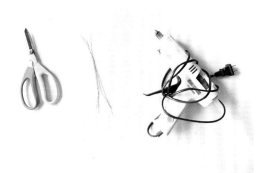

| 花材 |

棉花、干燥秋葵、木芒果、松果、橙片、桂皮（以上为干花）

| 资材与工具 |

藤条环、麻绳、拉菲草、编织包装纸、麻质缎带、剪刀、铁丝、热熔胶枪

制作步骤

1 将编织包装纸材料剪成小方块。

2 将方块纸片粘贴于花环上，有装饰性的同时，便于后续在其上固定其他材料。

3 拉菲草围绕藤环，增加花环质感，同时增加花环厚度。

4 用热熔胶固定拉菲草于藤环上。

5 加工桂皮。将桂皮用麻绳捆绑成小束备用。

6 用热熔胶将桂皮、橙子切片等其他干燥物料粘贴在花环表面。

7 将松果以成组的方式粘贴在花环上。

8 将棉花以成组的方式粘贴在花环上。

9 将干燥秋葵用拉菲草绑扎成束。

10 将成组绑好的干燥秋葵粘贴在花环上。

11 用花艺铁丝将羽毛固定成束备用。

12 将羽毛插入花环，用热熔胶固定。

13 用麻质缎带做成蝴蝶结。

14 将蝴蝶结粘贴在花环上。作品完成。

拥有几何感的玻璃容器作花器，
既通透轻盈，又富有现代气息，
极大地增加了花礼的价值感。
这样的作品能起到很好的装饰
空间的作用，使环境立即生动
美好又富有趣味起来。在快节
奏的生活中，这样一个属于自
己的秘密花园是所有人都想得
到的美好礼物吧。

插花前将玻璃内壁擦干净，否
则作品完成后再处理玻璃问题
就困难了。

玻璃花房

| 花材 |

高山羊齿、青梅叶、六道木、翠珠、多头玫瑰、玫瑰、兰香草、灯台枝条、永生苔藓

| 资材与工具 |

花泥刀、剪刀、花泥、针盘、几何玻璃容器

制作步骤

1 将花泥吸饱水后切成适合针盘大小的方块。

2 取合适大小的花泥，将花泥放入针盘固定，用花泥刀切削处理花泥边角。

3

将针盘放入玻璃容器内部。

4

在针盘周围放置永生苔藓，遮挡住针盘底部。

5

剪高山羊齿叶插入花泥，作为插花的背景部分。

6

加入灯台枝条，增加作品高度层次，带来灵动通透感。

7

在花泥前方底部加入剪短的青梅叶。

8

叶材打底完成后，加入玫瑰，制造视觉焦点。

9 根据玻璃容器空间大小选择玫瑰数量，这里两朵玫瑰花就够了。

10 加入多头玫瑰作辅助花材，增加色彩层次。作品雏形完成。

11 为营造玻璃花房小花园的感觉，可以加入其他花材使得造型层次更丰富。此处加入了翠珠、兰香草、六道木作为点缀填充花材。

12 作品完成。

第 4 章

CHAPTER 4

空间花艺——给客户定做的插花

简约风格的花艺作品，最适合少即是多的北欧风室内环境和有着极简生活态度的消费者。柏树枝的绿使家居生活生机勃勃，沉稳的灰色蜡烛和简单的作品造型既不过分浮夸空洞，也不简陋单薄，而是简洁优雅、内敛克制，适宜陪伴主人静静地喝茶看书。

家居插花

1. 家居烛台花

| 花材 |

树枝、菟葵、柏树枝、黄金球

| 资材与工具 |

粗蜡烛、花艺胶带、冷胶、球形
花泥、枝剪、铁丝、铁丝钳

1 球形花泥吸饱水分。柏树枝用铝线缠绕，覆盖花泥。

2 留出花泥顶部小块面积不覆盖枝条，便于放置蜡烛。

3 将铁丝弯成 U 形，把小树枝固定到花泥上。

4 树枝围城花环形，固定在花泥上。

5 铁丝剪成段，窝成∪形，用花艺胶带
固定于蜡烛底部，用于插入花泥。

6 插入蜡烛。

7 在蜡烛底部插入苠葵花。

8 冷胶涂在黄金球底部。

9 将黄金球粘贴于树枝上，点缀于苠
葵之间。完成。

西式古典插花里面最基础也是最经典的半
球形花型，洋溢着丰饶喜悦的感觉。以半
球形为基础造型，掌握之后可以根据不同
花材做各种有趣的搭配变化。

2. 经典的半球形插花

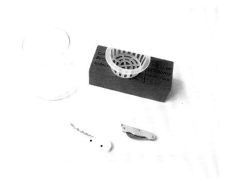

| 花材 |
一叶兰、绿珊瑚、洋桔梗、玫瑰

| 资材与工具 |
玻璃花器、花泥、花泥网格托、玻璃纸、花泥刀、花刀

制作步骤

1 将一叶兰叶子根部剪掉，便于弯折。

2 将两片一叶兰依次放入玻璃花器中，挡住花器内壁。

3 在花器口放入玻璃纸，再放入花泥网格托。

4 在花泥网格托上放好花泥，玫瑰花七点定位：在花泥顶部插入一枝玫瑰定出半球形的高度，沿着花器边缘均匀插入 6 枝等长玫瑰花定出底部圆形。

5 俯视图。

6 在顶部一枝玫瑰花和底部一圈玫瑰花中间加入玫瑰花，注意玫瑰花从侧面看要控制在半球形的弧度下。

7 俯视图。中间一圈玫瑰花俯视也是一个圆形。

8 在玫瑰花中间加入洋桔梗，注意各个花头始终在一个球面上。

9 加入点缀的填充花材绿珊瑚，使插花作品更灵动活泼。

灵感来自于西方园林中对树木的修剪技巧，强调造型的几何感和对称感。这种修剪树的形式运用到插花的领域来，往往使作品呈现出俏皮可爱的样貌。玫瑰、康乃馨等团块状花材较适合制作规整的花球造型。

3. 修剪树造型插花

| 花材 |

香豌豆、玫瑰、空气凤梨、绿珊瑚、樟树果

| 资材与工具 |

玻璃纸、白色铁丝、花泥、花泥球、花刀、花泥刀、枝剪、花器、藤环、纸绳、剪刀、钳子、木棍

制作步骤

1 在花器中放入隔水玻璃纸。

2 放入花泥，花泥上边及四个角切斜角，便于插花。

3 沿花器剪掉多余玻璃纸。

4 在花器口固定小藤环。

5 将三支木棍捆扎成束。

6 将木棍一端插入球形花泥，另一端
插入底座花泥。

7 处理玫瑰花，将玫瑰花花瓣轻轻向
外翻折，扩大玫瑰花体积。

8 处理过的玫瑰花与没有处理的玫瑰
花的区别。

9 将玫瑰花插入球形花泥，先插几枝起定点作用。

10 补足剩余玫瑰花。所有玫瑰花以球心为中心放射状插入。

11 用白色细铁丝固定小簇空气凤梨，备用。

12 在玫瑰花球的玫瑰间隙插入空气凤梨、香豌豆、绿珊瑚。

13 下部花环处插入空气凤梨，空气凤梨可用 U 形铁丝固定。

14 在下部花泥处加入香豌豆、樟树果，与上部花材呼应。完成。

作品上半部分是传统的半球形插法，即由一个中心点向四周发散着插，但花材的分布上则是组群式的，也就是并非所有花头等距分布，而是三三两两群聚着插，这种插法更加自然。插的过程中要观察花球的外轮廓是否依然在半球形范围内。

下半部分用到了叶材的编织技巧，打破了叶材本身的纹理，给作品带来了人工的、规律的、有节奏的美感，增加了作品的装饰性和观赏性。

办公与商业空间花艺

1. 半球形插花的应用

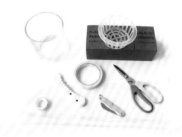

| 花材 |

六出花、花毛茛、洋桔梗、木绣球、千日红、剑叶、石松

| 资材与工具 |

玻璃花器、花泥、花泥网格托、玻璃纸、花泥刀、透明胶、双面胶、花刀、剪刀

制作步骤

1 将剑叶剪成两段，短的一段长度参考花器内壁高度，长的一段与花器内壁圆周等长。

2 将长短边交织穿插。编织起头时，左侧可用透明胶固定在桌面上，防止叶片松动位移。

3 纵向短叶片收尾时，内层的竖列叶片两头剪短，外层的竖列叶片向上弯折，用双面胶固定。

4 编织好的编织片如上图所示。

5 将花泥、编织片放入玻璃花器，插入石松，为插花作品打底。

6 组群式插入白色洋桔梗。

7 在洋桔梗周围插入白色六出花和花毛茛。

8 加入绿色木绣球和白色千日红，作品完成。

这里将三个同样造型的插花用线性材料做连接，使其合为一个整体，同时利用绿掌线形的光滑花茎制造三个小作品间的对话与流动感，是适合长条桌使用的低矮线形桌花。

两种形状各异的菊花与枯木自身的气质和色彩使作品带有沉静、禅思的意味。作品强调均衡、和谐和韵律的美感。

2.富有流动感的组合插花

|花材|

剑叶、绿菊、乒乓菊、绿掌

|资材与工具|

花器三个、树枝、花泥、纸绳、竹芯、木棍、铁钳子、花刀、花泥刀、花艺铁丝

制作步骤

1 将竹芯用纸绳绑扎备用。

2 木棍插入花泥后，用绿色花艺铁丝将竹芯固定在花泥上。

3 竹芯串联三块花泥，
将三个花器连接成一
个整体。

4 在花泥上插入永生苔
藓和树枝。

5 在花泥上插入白色乒
乓菊、绿菊和石竹。

6　三个花器，重复加入同样
数量的花材。

7　顺着竹芯和木棍加入剑
叶，将三个独立花连接成
一个整体，并增添色彩层
次。检查是否有花泥外露
没有被遮盖。

8　再在花泥上加入绿掌，绿
掌的花茎交互延伸，将三
个相对独立的插花更好地
连接成一体。作品完成。

相对古典标准花型，
这种富有创意的现代
花型给人带来轻松、
自然的感觉。

3 . 火炬形插花

| 花材 |

空气凤梨、蒠葵、绿珊瑚、绣球花、
石松、灯台花、木棍

| 资材与工具 |

花器、花泥、竹签、花泥刀、花刀、
枝剪、剪刀、玻璃纸

制作步骤

1 将玻璃纸放入花器，放入花泥。

2 将木棍剪成长短不一，沿着花器边
缘斜向插入花泥。

3 木棍插制完成。

4 在木棍围拢的空间加入花泥，用竹签与底部花泥固定住。

5 在花泥上部插入石松，遮挡花泥。

6 在木棍外围插入几枝灯台花。

7 在上部花泥处加入绣球花、蜀葵、绿珊瑚，在底部花器边缘加入空气凤梨。完成。

郁金香的花型较特别，自带优雅浪漫的气质，这个作品主要突出郁金香的美感，同时运用叶材的处理技法，使得作品更有层次，更具观赏性。当花艺师面临单一花材时，不妨在叶材上做点文章，改变叶材的惯常形态，增加作品的趣味性和价值感。

4. 郁金香前台花

|花材|
郁金香、灯台花、一叶兰、刚草

|资材与工具|
花泥、订书器、玻璃纸、剪刀、花器、花刀

制作步骤

1 花器内部垫玻璃纸防水，放入吸水后的花泥，将花泥四边削成倒角，便于插花。

2 在花泥中央插入郁金香。

3 将一叶兰的叶子沿中间叶脉剪开。

4 将半边叶脉卷起，用订书钉固定。

5 将另一半叶脉也卷起，用订书钉固定，一叶兰的叶茎剪短。

6 将一叶兰的叶子围绕郁金香插入，覆盖花器边缘。

7 在一叶兰的叶子中间点缀灯台花，并用钢草插出弧形线条。

8 在郁金香花茎周围插入较高的灯台花枝条。

第 5 章

CHAPTER 5

婚礼与宴会的花艺布置——花店接到项目啦

人体花饰

1. 胸花

（1）传统西式胸花

铁丝的技法使得大部分花材都可以做出想要的造型，同时铁丝花茎也更纤细精致。下面介绍的是制作胸花的最常用的技法。

|花材|
花园玫瑰、多头玫瑰、高山羊齿、樱桃果

|资材与工具|
花艺铁丝、铁丝钳、花艺胶带、热熔胶枪、缎带、吸铁石

制作步骤

1 将铁丝以十字形穿入玫瑰花托底部。

2 将十字形铁丝拧成一股。

3 从花托底部开始缠绕花艺胶带，遮挡住绿铁丝。

4 缠绕时左手转动铁丝，右手稍用力度拉开花艺胶带往下缠绕。

5 将花艺胶带缠绕到铁丝底部。

6 用同样的方法，将多头玫瑰、樱桃果、高山羊齿叶都制作好铁丝花茎。

7 将玫瑰花组合成小束后，在花后方加入高山羊齿叶，并成一束。

8 在侧下方加入樱桃果和一枝小多头玫瑰。

9 调整造型，可在左侧再加入一片高山羊齿叶。用花艺胶带将小花束花茎绑在一起。

10 剪一段花艺铁丝做成 U 形，插入高山羊齿叶的主茎，以连接胸花和吸铁石。

11 将吸铁石一面上热熔胶。

12

将吸铁石粘贴到铁丝上，用花艺胶带将铁丝和胸花茎部固定到一起。

13

在缎带上点上热熔胶。

14

将缎带粘贴到铁丝花茎尾部。

15

缎带螺旋状从底部往上缠，缠到花头处剪掉，用热熔胶固定好。

16

在花朵底部绑蝴蝶结，完成胸花。

迷你蝴蝶兰是一种非常适合用于婚礼的花材，尤其在胸花、头花、腕花的使用上，这不仅仅是因为其多样的颜色、美丽的形态，更因为它厚实的花瓣，有很强的抗脱水性；用于人体花时不用另外做保水处理，可以直接粘贴造型，既便于花艺师快速制作，又能够满足婚礼持续数个小时的保鲜需求。

（2）轻巧的东方风格胸花

| 花材 |

蝴蝶兰、斑春兰叶、绿珊瑚

| 资材与工具 |

花艺冷胶、缎带、塑料片、吸铁石、剪刀、双
面胶

制作步骤

1 将软塑料片裁剪成与缎带
同样宽度，贴上双面胶。

2 用双面胶将软塑料片与缎
带黏合在一起，用缎带一
侧包住软塑料片。

3 在缎带另一侧粘贴一枚吸
铁石，缎带对折回来，将
吸铁石封在缎带内侧，隐
形不见。

4 在折叠过来的缎带外侧放
上另一枚吸铁石，试试吸
力是否足够。

5 斑春兰叶子绕出一个小环，用订书器固定，步骤 4 做好的部件翻一个面，将斑春兰叶子用冷胶粘贴于缎带上。

6 剪下蝴蝶兰花头，去掉花柄，在花瓣背面涂抹冷胶。

7 待冷胶稍微干一些，将蝴蝶兰花头粘贴在缎带底托上，遮盖住斑春兰固定处的订书钉。

8 在蝴蝶兰的周围，点缀绿珊瑚果实，依然用冷胶粘贴，使胸花更加灵动。完成。

多肉胸花

非常适合森系婚礼，质朴、亲和、自然又富有个性。多肉植物用于胸花的好处显而易见，花艺师不用考虑它的保鲜时长，便于提前制作。多肉植物适合与小果实、蕨类叶子、麻布材质相搭配，打造森系的自然之感。

（3）多肉胸花

|花材|

灯台、高山羊齿、多肉植物

|资材与工具|

木片、麻质缎带、吸铁石一对、剪刀、
热熔胶枪、冷胶、铁丝

制作步骤

1

准备好麻质缎
带和木片，将
缎带对折，用
细铁丝绑扎。

2

将多余的铁丝
剪掉。

3

将缎带粘贴到
木片底座上。

4

准备两片小的
高山羊齿叶，
叶背面靠近叶
柄处涂上冷胶。

5 将叶片粘贴在木片基座上。

6 剪取灯台树小枝，用冷胶粘贴于高山羊齿叶片上。

7 多肉植物剪掉根部。底部处理干净。

8 在多肉植物底部涂上冷胶，晾一会儿后粘贴到木片底座上。胸花造型完成。

9 在木片反面粘贴吸铁石块，胸花完成。

半球形是新娘手捧花最常见的花型，它小巧精致，对新娘的衬托恰到好处，且在婚礼抛手捧花的环节，新娘操作起来也很容易。

新娘手捧花花泥托是一种便捷的帮助新手花艺师快速制作手捧花的工具，它帮助鲜花持续保水，同时方便插制，在新娘手握的地方也相对轻巧干净。

2. 手捧花

（1）浪漫半球形手捧花

| 花材 |
六出花、花毛茛、洋桔梗、千日红

| 资材与工具 |
新娘手捧花花托、花刀、丝带、热熔胶枪

制作步骤

1 用丝带缠绕花托手握部分。

2 丝带缠完成后用热熔胶固定。

3 用白色洋桔梗插制出半球形骨架，花头均匀分布于球面上。

4 在洋桔梗的间隙填充六出花。

5 进一步填充花毛茛和千日红，作品完成。

架构手捧花更加彰显新娘的个性，往往有更强的装饰性，但是使用时要考虑适度原则，如果设计得太过夸张或是体积过大、重量过重，都会给新娘带来不便。毕竟婚礼上新娘本人才是重点。

架构本身有一定的装饰性，但更多是为了与花材配合形成整体美感。

这个手捧花的制作主要使用粘贴技法。使用这种技法时，一定要注意花材的耐脱水性，易脱水萎蔫的花材是不适合用来制作这种手捧花的。适合使用粘贴技法的花材有兰花、百子莲、风信子、伯利恒之星、小扣菊、澳洲蜡梅等。

（2）架构新娘手捧花

| 花材 |

百子莲、泰国白兰

| 资材与工具 |

粗细两种铁丝、热熔胶枪、花艺胶带、铁丝
钳、剪刀、丝带、冷胶、珍珠串

制作步骤

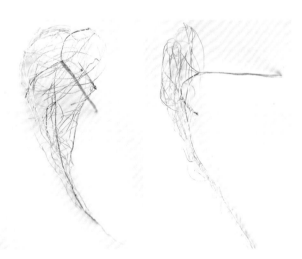

1 将5根粗铁丝并成一束，其中一根铁丝留长，是手捧花下垂的长度。手握处用白色花艺胶带缠紧。

2 用细铁丝制作出面状的水滴形。

3 将水滴形铁丝面和步骤1做的花束骨架用铁丝固定到一起。

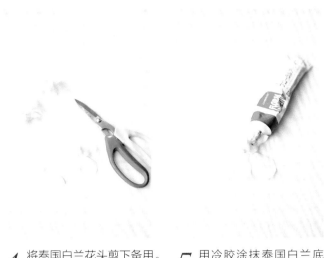

4 将泰国白兰花头剪下备用。

5 用冷胶涂抹泰国白兰底部，稍微晾一会。

6 将珍珠串缠绕固定到铁丝网上。将泰国白兰花头粘贴到铁丝上。

7 将百子莲花头和百子莲花苞摘下，底部抹冷胶待用。

8 将百子莲花头、花苞粘贴到架构上。

9 剪下泰国白兰花苞，抹冷胶待用。

10 在架构花束上粘贴泰国白兰花苞，作品完成。

3. 头花、花环

（1）发夹式头花

新娘头花是婚礼造型上不容忽视的细节。这里介绍的发夹式新娘头花的制作方法简便快捷，重点是选择体积小而精致的花材，配色时要考虑和新娘穿的服饰色彩相协调。另外在粘贴鲜花花材时要使用冷胶，以降低对花材的伤害，令其最大程度地保鲜。

| 花材 |

尤加利叶、鸡冠花、多头玫瑰、玫瑰、多头康乃馨、樱桃果、高山羊齿

| 资材与工具 |

冷胶、热熔胶枪、软塑料片、发梳、剪刀

制作步骤

1 按发梳尺寸将塑料片剪成适合大小。

2 在发梳上挤上热熔胶。

3 将塑料片贴在发梳上。

4 待热熔胶冷却固定。

5 将准备好的花材花头剪下。

6 用冷胶涂抹在高山羊齿叶的茎秆上。将高山羊齿叶片粘贴于塑料片上。

7 继续粘贴玫瑰花、鸡冠花。从左到右沿着发梳的弧度粘贴花头。

8 同样用冷胶涂抹多头玫瑰的花头底部。继续粘贴花材，使作品呈弯月形。

9 加入樱桃果、多头康乃馨、尤加利叶使作品更灵动。

头饰花环

花环也是婚礼上常用的配饰，有时供新娘拍照用，有时给小花童佩戴，常给女生带来花精灵的既视感。制作时要考虑使用者的头围，花环的重量也不能过重。

（2）头饰花环

| 花材 |

多头玫瑰（两种颜色）、多头康乃馨、小鸡冠花、山荆子果、尤加利叶

| 资材与工具 |

粗细两种铁丝、剪刀、铁丝钳、鲜花胶带、丝带

制作步骤

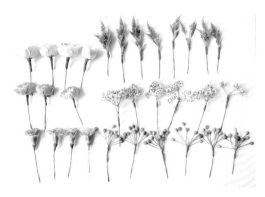

1 将花材分别剪成小枝，用十字铁丝穿刺法加工花材，再用鲜花胶带缠绕备用。

2 将尤加利叶固定到粗铁丝上，作为花环起端。

3 在尤加利枝条底部加入小鸡冠花，用鲜花胶带缠绕固定。

4 同样方法，依次将花材从小到大加入，每加入一枝花材都用花艺胶带将其花茎与粗铁丝缠绕固定在一起。

5 花材都加在铁丝的同一侧，花环放到头上的内侧不加入花材。

6 继续添加花材，花环最中间的部分花环宽度最宽，花环两端宽度递减。

7 花材添加结束后，将粗铁丝两端窝出圆环，系上丝带，用来调节花环大小尺寸，以适合不同头围人佩戴。

4.手腕花

手腕花制作要轻巧，重量不要过重，这里使用粘贴的方法，制作快速简便，同时不容易勾到新娘的衣服或对皮肤造成摩擦、剐蹭。

| 花材 |

千日红、多头玫瑰、小尤加利果（小米果）、澳洲蜡梅、小米花、银叶菊

| 资材与工具 |

美工刀、缎带、缎带剪、园艺剪、软塑料片、冷胶

制作步骤

1 将软塑料片裁切成小块，在塑料片两端裁切两个平行切口。

2 将缎带穿入塑料片，做成手腕花基底。将多头玫瑰花的花头剪下待用。

3 将花艺冷胶涂抹于多头玫瑰花萼下部。

4 将多头玫瑰的花头粘到软塑料片上，静置几秒待冷胶干一些后松手。

5 在银叶菊根部涂抹花艺冷胶，粘贴在多头玫瑰两边，制作出向外延伸的感觉。

6 同样在小米果根部涂抹冷胶，粘贴于多头玫瑰和银叶菊叶子之间。

7 粘贴上米花、澳洲蜡梅、千日红。完成。

自然森系风格的花艺作品通常使用的花材种类相对多，
有块状花材，也要有点状花材，叶材种类也可以丰富一
些。森系插花更强调花材之间的层次感。

橙色和绿色是元气满满的配色，环境里有这样的颜色，
一天的心情也会随之明亮起来。

婚礼与宴会餐桌花设计

1. 森林系餐桌花

| 花材 |
翠珠、'芬德拉'玫瑰、六出花、花毛茛、木绣球、两种尤加利

| 资材与工具 |
花器、花泥、花泥刀、针盘、剪刀

1 将花泥裁切放入针盘，将上面四边削成斜面，放入花器。

2 用木绣球枝制作出作品框架，定好作品的长、宽、高等空间尺寸。

3 在木绣球打出的空间框架内插入主花材——花毛茛。

4 在作品空隙处插入两种尤加利叶，填充空间。

5 加入'芬德拉'玫瑰、翠珠和六出花，填充于主花材花毛茛附近，同时提亮作品色彩。

6 制作餐桌配花。取小花瓶两个，将绣球花、花毛茛剪短，投入小花瓶中即可。配花花材、色彩与主花相呼应。

7 在餐桌上搭配蜡烛、彩色酒杯使餐桌花更具有装饰性。

烛台桌花最适合圆桌婚宴，蜡烛带来浪漫的感觉，丰饶的鲜花充满了喜悦。蜡烛和花泥安装的稳固性是需要注意的。

2. 婚礼烛台圆桌花

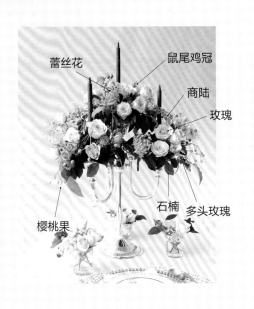

蕾丝花
鼠尾鸡冠
商陆
玫瑰
石楠
多头玫瑰
樱桃果

| 资材与工具 |

四头烛台、半球形花泥、花泥、针盘、花艺胶带、蜡烛、铁丝、花艺刀、铁丝钳子、剪刀

制作步骤

1 将花泥吸饱水分，用铁丝及花艺胶带固定于烛台上。

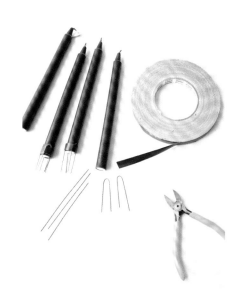

2 铁丝做成 U 形针，用花艺胶带捆绑于蜡烛底部，作为蜡烛的插脚。

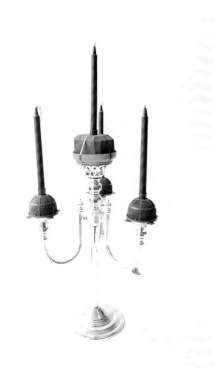

3 将蜡烛插入花泥中心。

4 插入石楠的叶子打底。

5 加入商陆叶子和果实，增加色彩层次。

6 插入玫瑰花。

7 插入蕾丝花、多头玫瑰、鼠尾鸡冠和樱桃果，使作品更丰富、更灵动。

8 制作三个小的花束放入小花瓶，作为餐桌桌面的装饰。

9 作品完成。

3. 海洋风餐桌花

蓝白色的搭配是最清爽的配色，是海洋与水面上白云的颜色，给人带来清凉的感觉，也是夏季婚礼最受欢迎的配色之一。这里使用了绣线菊、蝴蝶兰这类动态感强的花材，使得作品更加灵动，而白色大滨菊则给作品带来纯真的意味。

大滨菊　　绣线菊

木绣球　　绣球　　蝴蝶兰

| 资材与工具 |
铁艺花器、环形花泥、蜡烛、玻璃瓶、枝剪、花泥刀、石子

1 将环形花泥吸饱水分，用花泥刀将内外侧边削成倒角。

2 将花泥托置于花器上。

3 在环形花泥中心放入直筒玻璃瓶，投入小石子，放入蜡烛。将绣线菊呈十字水平插入。

4 加入四枝绣线菊水平插入。

5 绣线菊制作椭圆形框架。

6 斜向插入三枝蓝色绣球。

7 在蓝色绣球花和绣线菊之间填充木绣球枝条，使
作品丰满。

8 加入蝴蝶兰。

9 加入大滨菊。

10 用绣球和蝴蝶兰制作两个小杯花，搭配在一
起，作品完成。